Impressum
Verlag: BABADADA GmbH, Nedderfeld 112 , 22529 Hamburg
Geschäftsführer / Verlagsleitung: Harald Hof
Druck: Books on Demand GmbH, In de Tarpen 42, 22848 Norderstedt

Imprint
Publisher: BABADADA GmbH, Nedderfeld 112 , 22529 Hamburg, Germany
Managing Director / Publishing direction: Harald Hof
Print: Books on Demand GmbH, In de Tarpen 42, 22848 Norderstedt

school

دبستان

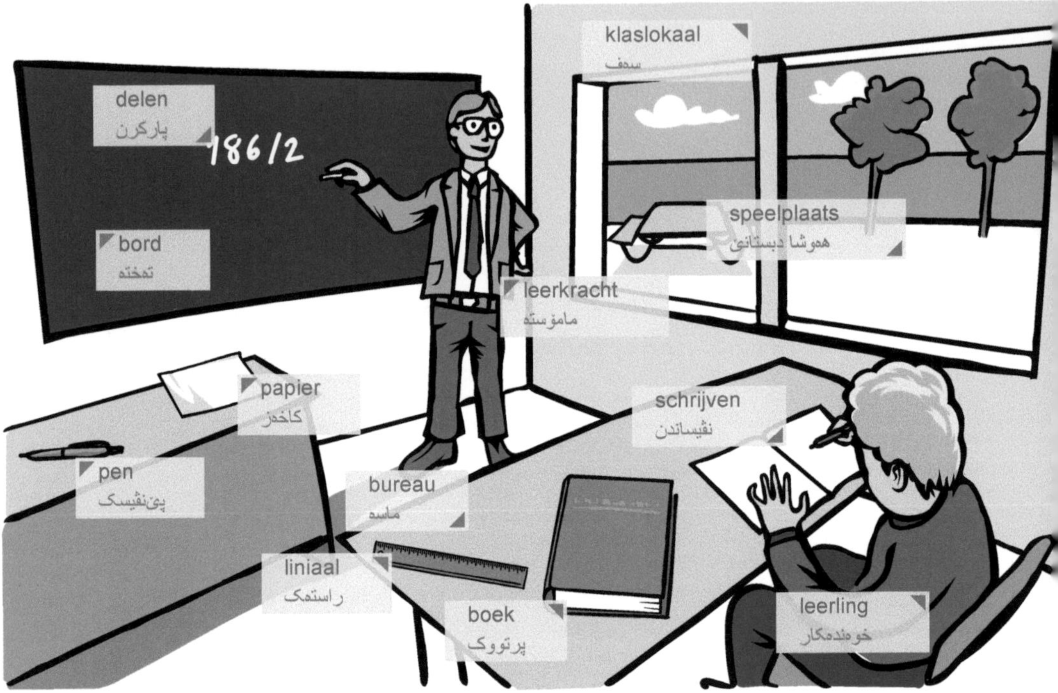
klaslokaal
سەف
delen
پارکرن
186/2
bord
تەختە
speelplaats
هەوشا دبستانێ
leerkracht
مامۆستە
papier
کاخەز
schrijven
نڤیساندن
pen
پێنڤیسک
bureau
ماسە
liniaal
راستەک
boek
پرتووک
leerling
خوەندەکار

schooltas

چەوال

pennenzak

قووتی نڤیستۆک

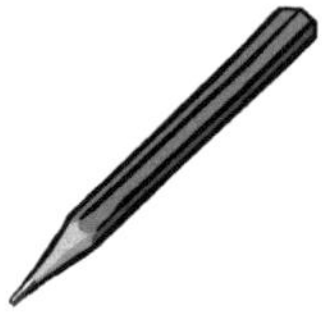

potlood

قەلەمرساس

puntenslijper

نڤیستۆک تووژکر

gom

ژێبر

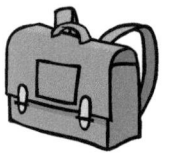

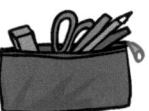

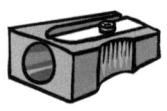

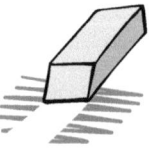

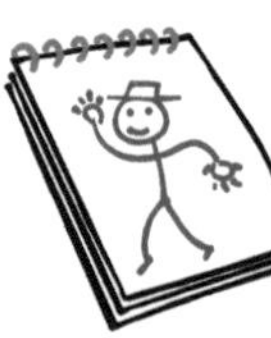

tekenblok

نڤیسکا نیگارێ

tekening

نیگار

verfborstel

فرچەیا رەنگێ

verfdoos

قووتی رەنگ

schaar

مەقەس

lijm

لەزاق

werkboek

پرتووکا فێربوون

huiswerk

وەزیفا مالێ

nummer

هەژمار

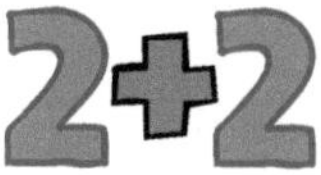

optellen

زێدەکرن

aftrekken

دەرخستن

vermenigvuldigen

زێدەکرن

rekenen

هەسباندن

letter

تیپ

alfabet

ئالفابە

woord

پەیڤ

tekst

....

نڤیسێ

Lezen

....

خواندن

krijt

....

گەچ

les

....

دەرس

klassenboek

....

قەیدکرن

examen

....

ئیمتیهان

certificaat

....

شەهادە

schooluniform

....

کنجا دبستانێ

onderwijs

....

پەروەردەهی

encyclopedie

....

زانستنامە

universiteit

....

زانینگە

microscoop

....

میکرۆسکووپ

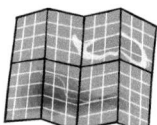

kaart

....

خەریتە

papiermand

....

سەپەتا کاخەزێ

hotel
مێڤانخانە
jeugdherberg
مێڤانخانە
wisselkantoor
ئۆفیسا پەرە ڤەگوهارتنێ
koffer
auto
ماشین

Taal

زمان

ja / nee

بەلێ / نا

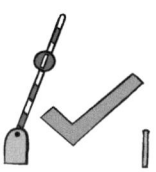

oké

باش

hallo

سلاڤ

vertaler

وەرگێرا نڤیسکی

bedankt

سپاس

Hoeveel kost ...?

....

بهایێ ... چ قاسه؟

Ik begrijp het niet

....

ئەز فام ناکم

probleem

....

ئاریشه

Goedenavond!

....

ئێڤارباش!

Goedemorgen!

....

سپێدی باش!

Goedenavond!

....

شەڤ باش!

Tot ziens

....

خاترێ ته

richting

....

ئالی

bagage

....

هوورموور

zak

....

چەنته

rugzak

....

چەنته پشت

gast

....

مێڤان

kamer

....

ئۆده

slaapzak

....

جامه خەو

tent

....

چادر

toeristeninformatie

ئاگاهیێن گەرۆکان

strand

ڕەخێ ئاڤێ

kredietkaart

کارتێ قەرزێ

ontbijt

تاشتێ

lunch

فراڤین

avondeten

شیڤ

ticket

کارت

lift

ئاسانسۆر

postzegel

پوول

grens

تخووب

douane

گومرگ

ambassade

بالیۆزخانە

visum

ڤیزا

paspoort

پاساپۆرت

transport
گوهازتن

vliegtuig
schip
گەمی
brandweerwagen
ئەرەبە ئاگرکووژ
bus
vrachtwagen
کامیۆن
motorboot
fiets
دوچەرخە
auto
ماشین

veerboot

پاپۆر

boot

پاپۆر

motor

مۆتۆرسیکلێت

politiewagen

ترمبێلا پۆلیسێ

racewagen

ترمبێلا پێشبازیێ

huurauto

ئەرەبە کرێکرنێ

carpoolen
....
ماشین پەرڤەکرن

sleepwagen
....
کامیۆنا کشاندنێ

vuilniswagen
....
کامیۆنا خوەلی

motor
....
مۆتۆرسیکلێت

benzine
....
مازۆت

benzinestation
....
ئیستەگەها بەنزینێ

verkeersbord
....
تابلۆیا ترافیکێ

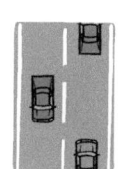

verkeer
....
هاتنووچوون

file
....
ترافیک

parkeerplaats
....
جهێ پارکێ

station
....
راوەستەکا ترێنێ

sporen
....
رێچ

trein
....
ترێن

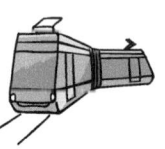

tram
....
ترێنێ کۆلانێ

wagon
....
ئەرەبە

helikopter

بابرۆک

luchthaven

بالافرگەه

toren

برج

passagier

مسافر

container

قووتی

karton

قووتی

kar

گرگرۆک

mand

سەلک

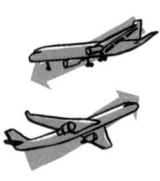

opstijgen / landen

رابوون / نیشتن

stad

باژار

dorp

گوند

stadscentrum

ناڤەندا باژارێ

huis

خانی

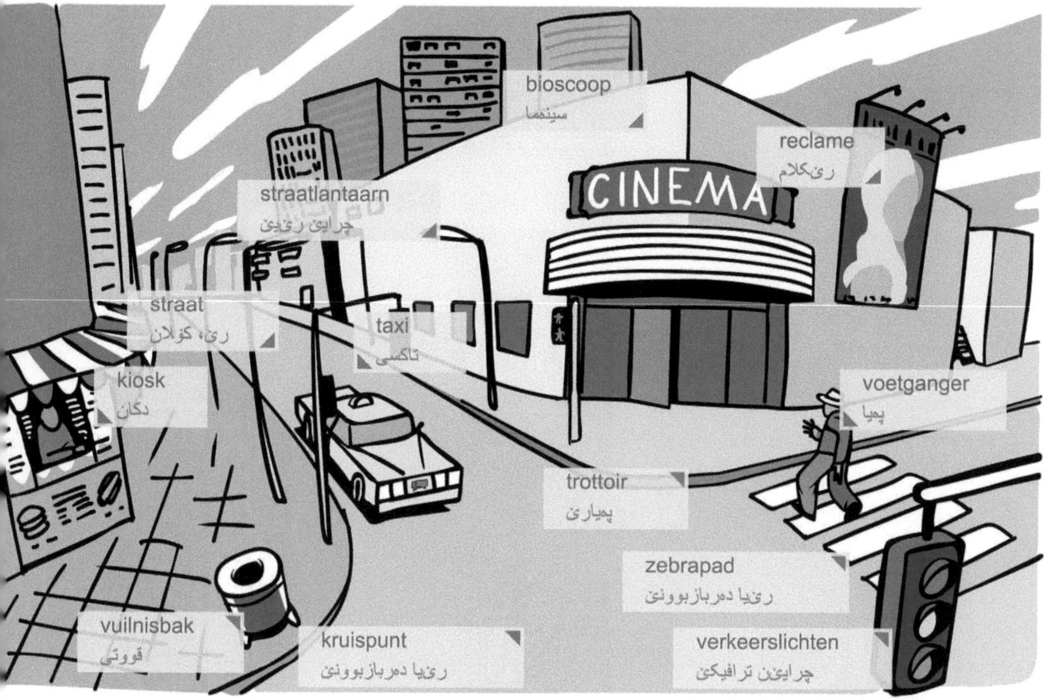

bioscoop
سینەما

reclame
رێکلام

straatlantaarn
چرایی رێیێن

straat
رێ، کۆلان

taxi
تاکسی

kiosk
دکان

voetganger
پیا

trottoir
پیاری

zebrapad
رێیا دەربازبوونێ

vuilnisbak
قووتی

kruispunt
رێیا دەربازبوونێ

verkeerslichten
چرایێن ترافیکێ

hut
کۆخ

woning
خانی

station
راوستمکا ترێنێ

stadshuis
تەلارا شارەڤانی

museum
مووزەخانە

school
دبستان

universiteit

زانینگە

bank

بانک

ziekenhuis

نەخۆشخانە

hotel

مێڤانخانە

apotheek

دەرمانخانە

kantoor

ئۆفیس

boekwinkel

کتێبفرۆشی

winkel

دکان

bloemenwinkel

گولفرۆش

supermarkt

بازار

markt

بازار

warenhuis

سوپەرمارکەت

vishandelaar

ماسیفرۆش

winkelcentrum

ناڤەندا کرین

haven

بەندەر

park
....
پارک

bank
....
سەکوو

brug
....
پر

trap
....
دەرنجە

metro
....
ژێر ئەردی

tunnel
....
توننەل

bushalte
....
ئیستگەها ئۆتۆبووس

bar
....
بار

restaurant
....
خوارنگەه

brievenbus
....
سندووقا پۆستێ

straatnaambord
....
نیشاندەرکا رێیێ

parkeermeter
....
مەترا پارکینگێ

zoo
....
باخچا هەیوانان

zwembad
....
هەوزا مەلەڤانی

moskee
....
مزگەفت

boerderij

جۆتگەه

milieuverontreiniging

لەوتاندنا دەردۆر

kerkhof

گۆرستان

kerk

کەنیسە

speelplaats

ئەردێ لەیستنێ

tempel

پەرستگەه

landschap

تەبیەت

blad
گەلا
wegwijzer
نیشاندەرکا رێ
weg
weide
مێرگ
steen
کەڤر
boom
دار
wandelaar
گەرۆک
rivier
چەم
gras
گیا
bloem
کولیلک

vallei

دۆل

heuvel

گر

meer

گۆل

bos

دارستان

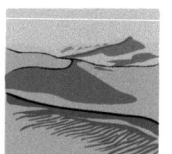

woestijn

بەیابان

vulkaan

ڤۆلکان

kasteel

کەلە

regenboog

کەسکەسۆر

paddenstoel

کڤارک

palmboom

دارقەسپ

mug

مخمخک

vlieg

مێش

mier

مێری

bijl

هنگ

spin

پیرێ

kever

....

کێزک

kikker

....

بەق

eekhoorn

....

سهۆر

egel

....

ژیژۆک

haas

....

کەرگوه

uil

....

پەپووک

vogel

....

چڤیک

zwaan

....

قوو

wild zwijn

....

بەرازێ کۆڤی

hert

....

پەزکۆڤی

eland

....

پەزکۆڤی

dam

....

بەنداڤ

windturbine

....

تووربینا با

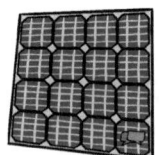

zonnepaneel

....

پانەلا خۆری

klimaat

....

ئاڤ و هەوا

16 landschap - تەبیەت

restaurant

خوارنگەه

ober
بەرکار
menu
پێشمەک
stoel
کورسی
soep
شۆربە
pizza
پیزا
tafelkleed
سفرە
bestek
چەتەل و چەمچک

voorgerecht

خوارنا دەستپێک

hoofdgerecht

خوارنا سەرەکی

nagerecht

شێرانی

drankjes

ڤەخوارنان

eten

خوارن

fles

جام

fastfood

خوارنا لەز

street food

خوارنا رێیێ

theepot

چایدانک

suikerpot

قووتی شەکرێ

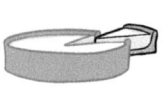

portie

بەش

espressomachine

مەکینا چێکرنێ ئەسپرەسسۆ

kinderstoel

کورسیا بلیند

rekening

هەساب

dienblad

سێنی

mes

کێر

vork

چەتەل

lepel

کەڤچی

theelepel

کەڤچیا چای

serviette

پێشگر

glas

قەدەه

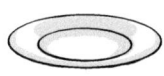

bord

تەیفک

soepbord

تەیفکا شۆربە

schoteltje

پیالە

saus

چێنج

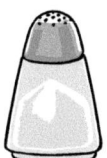

zoutvatje

خوێدانک

pepermolen

قووتی بیبار

azijn

سێک

olie

روون

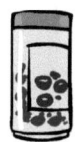

kruiden

بهارات

ketchup

کەتچاپ

mosterd

موستارد

mayonaise

مایۆنێز

supermarkt

بازار

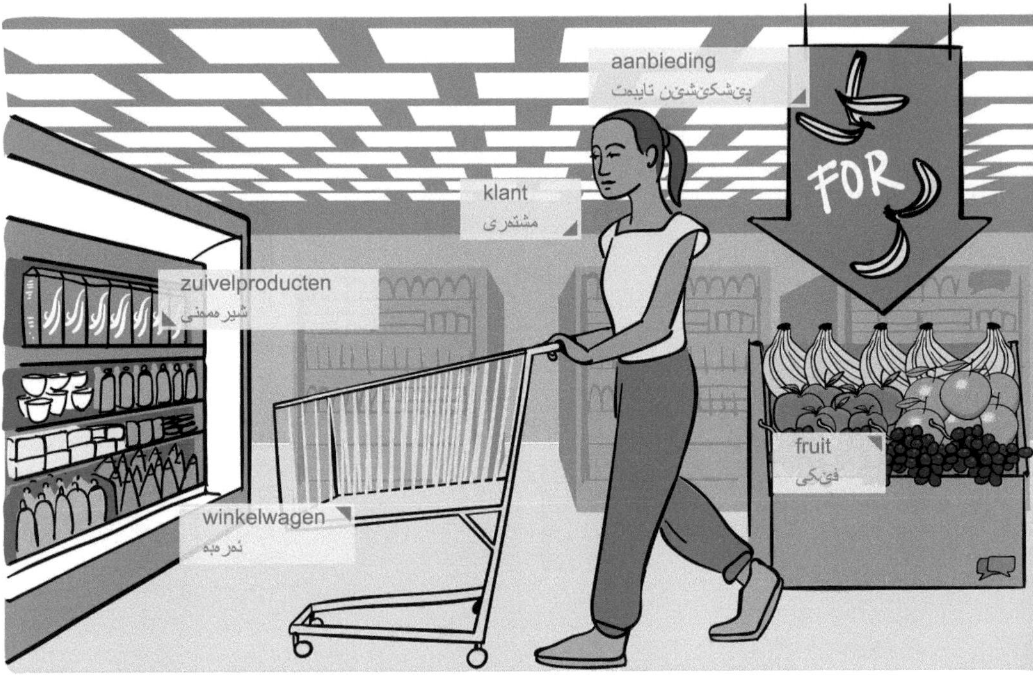

aanbieding
پێشکێشێن تایبەت
FOR
klant
مشتەری
zuivelproducten
شیرەمەنی
fruit
فێکی
winkelwagen
ئەرەبە

slagerij

قەسابی

bakkerij

دکانا نانپێژ

wegen

وەزن کرن

groenten

سەبزە

vlees

گۆشت

diepvriesvoedsel

خوارنێ جەمەدی

20 supermarkt - بازار

charcuterie

گۆشتێ سار

conserven

خوارنا پیلێ

waspoeder

خوبارێ پاقژکرنێ

snoep

شرینی

huishoudproducten

بەرهەمێن ناڤخوەیی

schoonmaakproducten

بەرهەمێن پاقژکرنێ

verkoopster

فرۆشیار

kassa

خەزنۆک

kassier

دراڤگر

boodschappenlijstje

لیستا کڕینێ

openingstijden

دەمێن ڤەکری

portefeuille

جزدان

kredietkaart

کارتێ قەرزێ

tas

چەوال

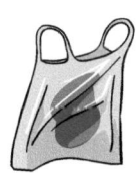

plastieken zakje

چەنتە

drankjes
ڤەخوارنان

water

ئاڤ

sap

شەربەت

melk

شیر

cola

کۆمر

wijn

شەراب

bier

بیرا

alcohol

ئالکۆل

cacao

کاکوۆ

thee

چای

koffie

قەهوە

espresso

ئەسپرەسسۆ

cappuccino

کاپۆچینۆ

banaan

مۆز

appel

سێڤ

sinaasappel

پرتەقالی

meloen

گوندۆر

citroen

لیمۆن

wortel

گێزەر

knoflook

سیر

bamboe

قامر

ajuin

پیڤاز

champignon

قارچک

noten

گەویز

noodles

شەهیرە

spaghetti

سپاگێتی

rijst

برنج

salade

سەلەتە

frieten

چیپس

gebakken aardappelen

پەتەتەیا براشتی

pizza

پیزا

hamburger

هامبورگەر

sandwich

نانۆک

kalfslapje

گۆشتێ ستوویێ بەرخی

ham

گۆشتێ هشککری

salami

سالامێ

worst

سۆسیس

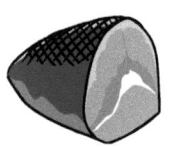

kip

مریشک

braden

بژارتن

vis

ماسی

havervlokken

شۆربە بلوول

muesli

مووسلی

cornflakes

کەرتێن گلگلان

bloem

ئارد

croissant

جرۆسسانت

pistolet

سەموون

brood

نان

toast

تۆست

koekjes

نانک

boter

نڤیشک

kwark

ماست

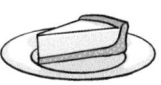

taart

کولیچە

ei

هێک

spiegelei

هێکا قەلاندی

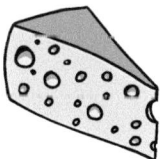

kaas

پەنیر

ijs

دۆندرمە

suiker

شەکر

honing

هنگڤ

confituur

مرەبا

choco

خامەیا نۆوگات

curry

کوڕی

boerderij

boerderij
schuur
کادین
strobaal
تەپکا پووشێ
veld
paard
هەسپ
aanhangwagen
کاروان
veulen
جانی
tractor
تراکتور
ezel
کەر
schaap
بەران
lam
بەرخ

geit
....
بزن

koe
....
چێلەک

kalf
....
گولک

varken
....
بەراز

biggetje
....
خنزیرک

stier
....
بۆخە

boerderij - جۆتگەه

gans

....

قاز

eend

....

مراڤی

kuiken

....

جووچک

kip

....

مریشک

haan

....

کەلەشێڕ

rat

....

جرج

kat

....

کتک

muis

....

مشک

os

....

گا

hond

....

کووچک

hondenhok

....

خانیا کووچکێ

tuinslang

....

خانی باخێ

gieter

....

قووتیکا ئاڤدانێ

zeis

....

شالووک

ploeg

....

گاسن

sikkel

داس

schoffel

مەربێڕ

hooivork

دارساپک

bijl

بڤر

kruiwagen

دەستگەرە

trog

قووتی خوارنا جانداران

melkkan

قووتی شیر

zak

توور

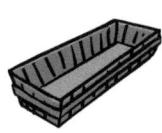

hek

چەپەر

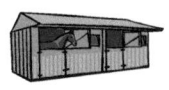

stal

ئاخور

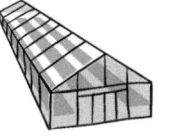

broeikas

خانا کولیلکان

bodem

ئاخ

zaad

دەندک

mest

پەین

maaidorser

کۆمباین

oogsten

زاد

oogst

زاد

yam

پەتەتە

tarwe

گەنم

soja

فاسۆلی

aardappel

پەتەتە

maïs

دەخل

koolzaad

دندک

fruitboom

دارێ فێکی

maniok

سێڤێ بن ئەردێ

graan

زاد

huis

خانی

schoorsteen
کولمک
dak
بانی
regenpijp
raam
پاجە
garage
گاراژ
deurbel
زەنگلێ دەری
deur
دەری
vuilnisbak
brievenbus
قوتیا پۆستێ
tuin
باخچە

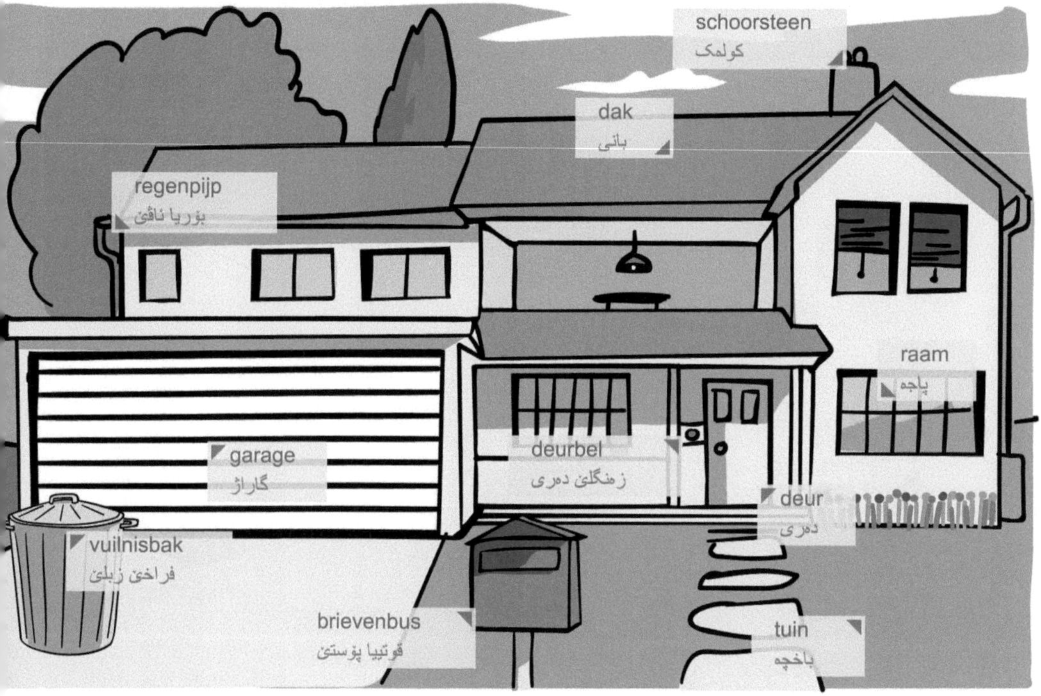

woonkamer

ئۆدا روونشتنێ

badkamer

هەمام

keuken

مەتبەخ

slaapkamer

ئۆدا خەوێ

kinderkamer

ئۆدەیا زارۆک

eetkamer

ئۆدا شیڤێ

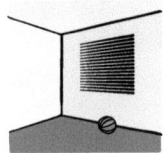

vloer

بنی

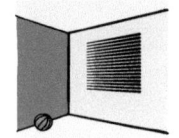

muur

دیوار

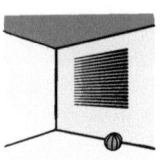

plafond

بەربان

kelder

خەنزک

sauna

ساونا

balkon

بالکۆن

terras

بەردانک

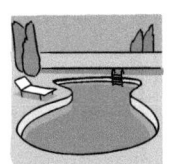

zwembad

هەوزا مەلەڤانی

grasmaaier

چیمەن بڕ

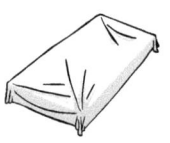

dekbedovertrek

مەلهەفە

dekbed

بەتانی

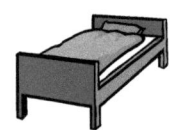

bed

نڤین

bezem

گەزک

emmer

ساتل

schakelaar

کلیل

woonkamer
ئۆدا ڕوونشتنێ

behangpapier
کاخەزێ دیوار
foto
lamp
لامپا
schap
رەف
kast
دۆلاب
televisie
تەلەفیسیۆن
open haard
ئاگردان
bloem
گولیلک
kussen
سەرین
sofa
قەنەفە
vaas
گولدانک
afstandsbediening
کونترۆلا دوور

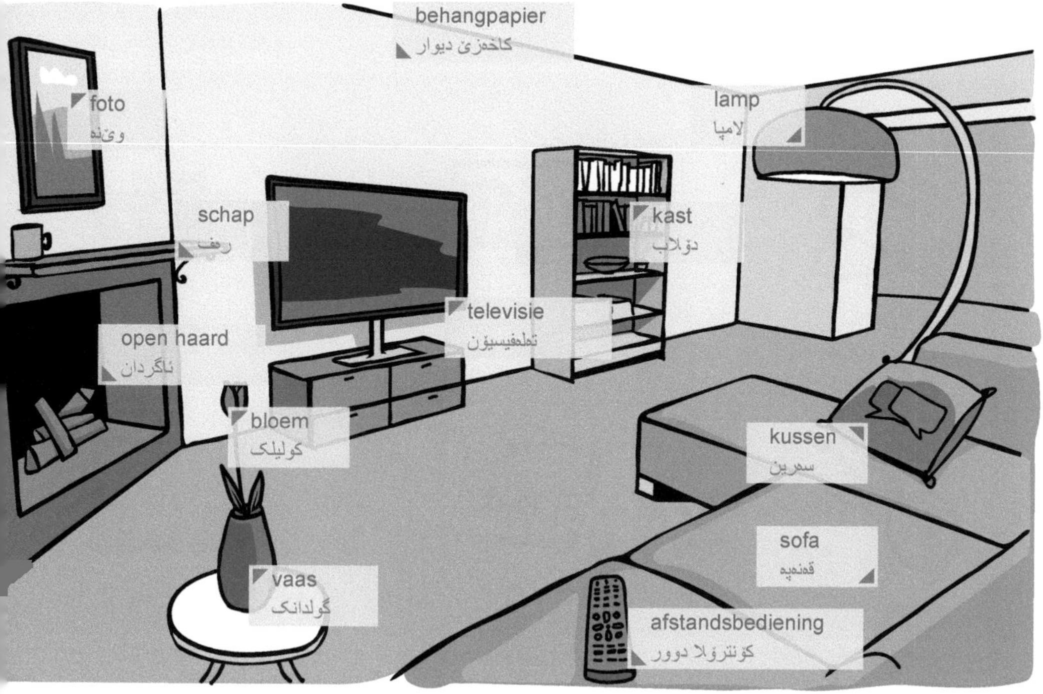

mat

خالیچە

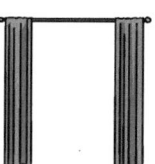

gordijn

پەردە

tafel

مێز

stoel

کورسی

schommelstoel

کورسیا هەژانۆک

fauteuil

کورسی

boek
پرتووک

deken
بەتانی

decoratie
خەملاندن

brandhout
ئێزنگ

film
فیلم

stereo-installatie
هـف

sleutel
کلیل

krant
رۆژنامە

schilderij
نیگار

poster
پۆستەر

radio
رادیۆ

notitieboekje
دەفتەر

stofzuiger
سڤنکا ئەلەکتریکی

cactus
کاکتووس

kaars
مۆم

keuken
مەتبەخ

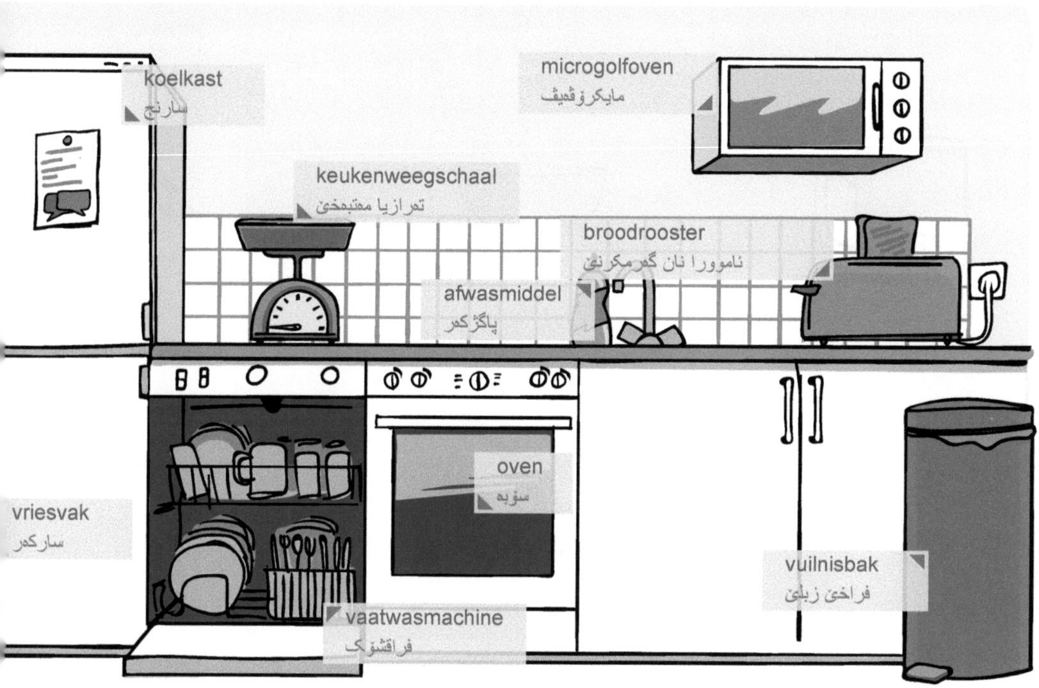

koelkast
سارنج
microgolfoven
مایکرۆڤەیڤ
keukenweegschaal
تەرازیا مەتبەخێ
broodrooster
ئاموورا نان گەرمکرنێ
afwasmiddel
پاگژکەر
oven
سۆبە
vriesvak
سارکەر
vuilnisbak
فراخێ زبلێ
vaatwasmachine
فراقشۆک

fornuis

سۆبە

pot

ئامان

gietijzeren pot

ئاماێ ئووتوو

wok / kadai

فراقێ مەزن

pan

دیزک

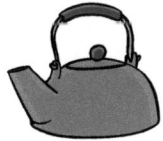

waterkoker

کەلینک

keuken - مەتبەخ 35

stoomkoker

فراقێ هلمێ

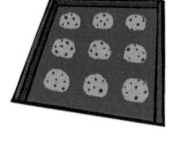

bakplaat

سێنی نانێ

servies

فراق

mok

پیاله

kom

کاسک

eetstokjes

دارێ نانخوارن

pollepel

هەسک

spatel

کەڤچیا مەزن

garde

رینەک

vergiet

کەفگیر

zeef

بێژنگ

rasp

رێشکەر

mortier

دەستار

barbecue

براشتن

haardvuur

ئاگرێ ڤالا

snijplank
....
تەختەیا بڕینێ

deegrol
....
دارکێ تیرێ

kurkentrekker
....
دەڤک بادەک

blik
....
قووتی

blikopener
....
قووتیڤەکر

pannenlap
....
جاوێ ئامانان

gootsteen
....
دەستشۆ

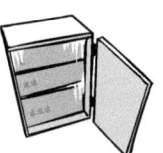

borstel
....
فرچە

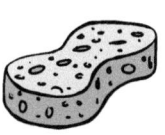

spons
....
پارازۆا

blender
....
تەڤدێر

vriezer
....
سارگەری جەمەدی

papfles
....
شووشە بەبخان

kraan
....
هەنەفی

badkamer

هەمام

douche
دووش
verwarming
گەرمژانک
handdoek
خاولی
douchegordijn
پەردەیا هەمامێ
bubbelbad
کەفێ هەمام
badkuip
هەوزا هەمام
glas
wasmachine
kraan
هەنەفی
tegels
ناجوور
kinderpo
توالەتا زارۆکان
gootsteen
دەستشۆ

toilet
....
توالەت

hurktoilet
....
توالەتا ئەردی

bidet
....
توالەت

urinoir
....
ئاڤدەستخانا مێزان

toiletpapier
....
کاخەزا توالەت

toiletborstel
....
فرشەیا توالەت

tandenborstel

فرچەیا دران

tandpasta

مەجوونا دران

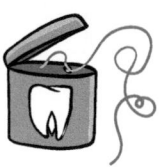

flosdraad

نەخا ددان

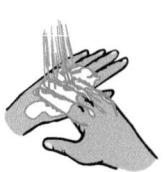

wassen

شووشتن

handdouche

دووشێ دەستێ

bidethanddouche

دووش

waskom

دەستشۆ

rugborstel

فرچا پشت

zeep

سابوون

douchegel

جێلێ هەمام

shampoo

شامپۆ

washandje

فائیلە

afvoer

زێراب

crème

کرێم

deodorant

بێهن خوشکر

spiegel

مرێک

handspiegel

مرێکا دەستێ

scheermes

گووزان

scheerschuim

کەفێ تەراشینێ

aftershave

مەجوونا پشتی تەراشینێ

kam

شەه

borstel

فرچە

haardroger

پۆر هیشککر

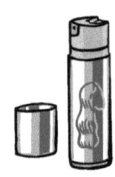

haarlak

سپرایا پۆری

make-up

کۆزمەتیک

lippenstift

سۆراڤک

nagellak

رەنگێ نینۆک

watten

پەمبوو

nagelknipper

مەقەستا نینۆک

parfum

پارفووم

toilettas

....

چەوالێ هەمامێ

kruk

....

کورسیا بێپشت

weegschaal

....

تەرازی

badjas

....

کنجا هەمامێ

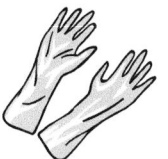

latex handschoenen

....

لەپکا لاستیکێ

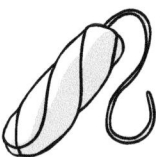

tampon

....

تامپۆن

maandverband

....

خاولیا پاقژکرنێ

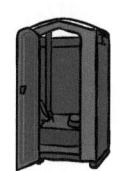

chemisch toilet

....

توالەتا کیمییەوی

kinderkamer

ئۆدەیا زارۆک

wekker
دەمژمێرک
knuffel
لیستوک
speelgoedauto
ماشینا لیستوک
rammelaar
خشخشوک
poppenhuis
مالا لیستوک
geschenk
خەلات

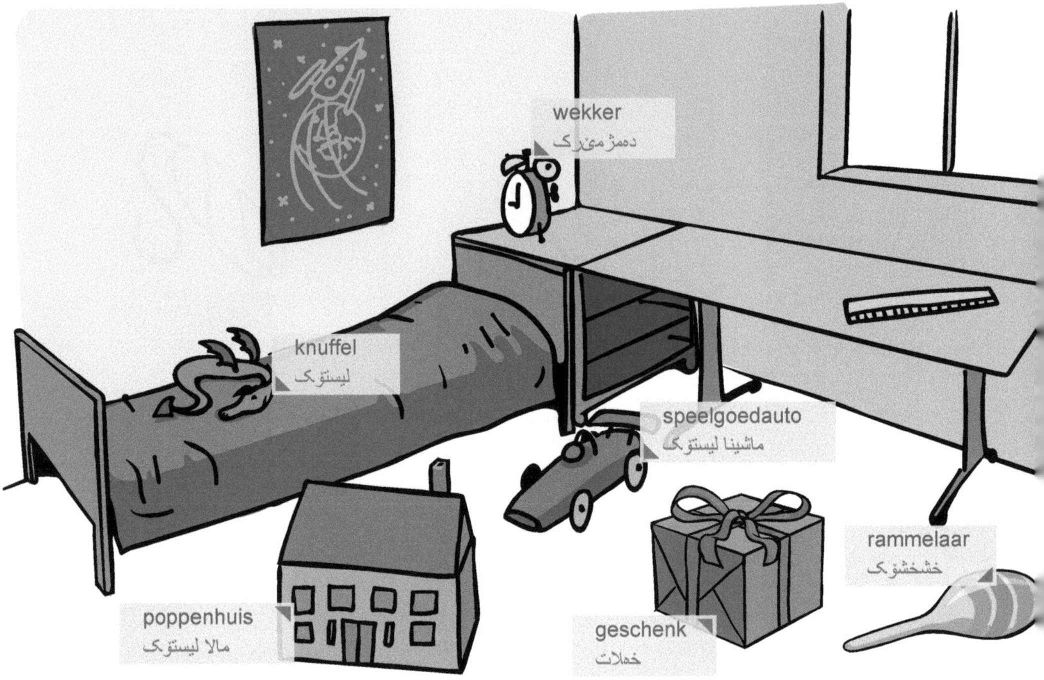

ballon

پفدانک

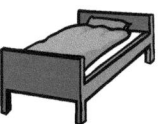

bed

نڤین

kinderwagen

کۆچک

spel kaarten

لیستکا کارتێ

puzzel

فریزبی

stripboek

کۆمیک

legoblokjes

ئاجوورا لێگۆ

blokken

ئاجوورا لیستۆک

actiefiguur

بووکە شووشە

kruippakje

کنجا بەبکان

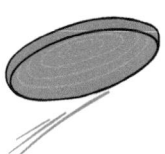

frisbee

فرزبێ

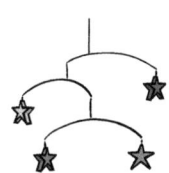

mobiel

ڤەگوهەستن

bordspel

لیستکێن تەختە

dobbelsteen

مۆر

modelspoorweg

مۆدێلا ترێنێ

fopspeen

مەمک

feest

جەژن

prentenboek

کتێبا وێنە

bal

تۆپ

pop

بووکە شووشە

spelen

لەییستن

zandbak

کونا خیزێ

schommel

جۆلانە

speelgoed

لیستۆکان

spelconsole

لیستکا ڤیدەۆییێ

driewieler

سێچەرخە

knuffelbeer

هرچا لیستۆک

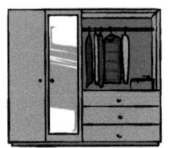

kleerkast

جلدانک

kleding

کنج

sokken

گۆرە

kousen

گۆرە

maillot

دەرپێ‌گۆرێ

sjaal
شال

paraplu
چەتر

T-shirt
كراس

riem
قايش

laarzen
شمكال

slippers
سۆلكى ناف مالئ

sneakers
سۆلک

sandalen
....
سۆلک

schoenen
....
سۆل

rubberlaarzen
....
پۆتينا چەرمئ

onderbroek
....
پانتۆلئ ژئر

beha
....
پئ سيربەند

onderhemd
....
چەكبەند

lichaam

جەندەک

broek

پانتۆل

jeans

ژەانس

rok

دامان

blouse

کراس

hemd

کراس

trui

فانێلە

capuchontrui

فانێلە

blazer

جاکێت

jas

ساکۆ

jas

چاکەت

regenjas

بارانی

kostuum

لەباس

jurk

فیستان

trouwjurk

جلێ داوەتێ

pak

چاکیت

nachthemd

پێجامە

pyjama

پێجامە

sari

سارێ

hoofddoek

لەچک

tulband

مێزەر

boerka

هێرام

kaftan

کافتان

abaya

ئەبا

badpak

کنجا ئاژنێکرن

zwembroek

جلکا مەلەڤانی

short

شۆرت

trainingspak

جلا هێڤۆژکاری

schort

پێشمال

handschoenen

لەپک

knoop

دووگمه

bril

بەرچاڤک

armband

بازن

ketting

گەردەنی

ring

گوستیل

oorbel

گوهارک

pet

دەڤک

kapstok

هلاڤستەک

hoed

کووم

das

کراوات

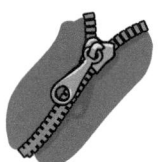

rits

زیپ

helm

سەرپاریز

bretellen

دەرزی

schooluniform

کنجا دبستانێ

uniform

یوونیفۆرم

slabbetje

بەردلک

fopspeen

مەمک

luier

پونداخ

kantoor

ئۆفیس

server
پێشکەشکەر
dossierkast
دۆلابی بەلگە
printer
چاپەر
papier
کاخەز
monitor
نیشاندەر
bureau
ماسە
muis
مشک
map
دەفتەر
toestenbord
کلاڤیە
papiermand
سەبەتا کاخەزێ
computer
کۆمپیوتەر
stoel
کورسی

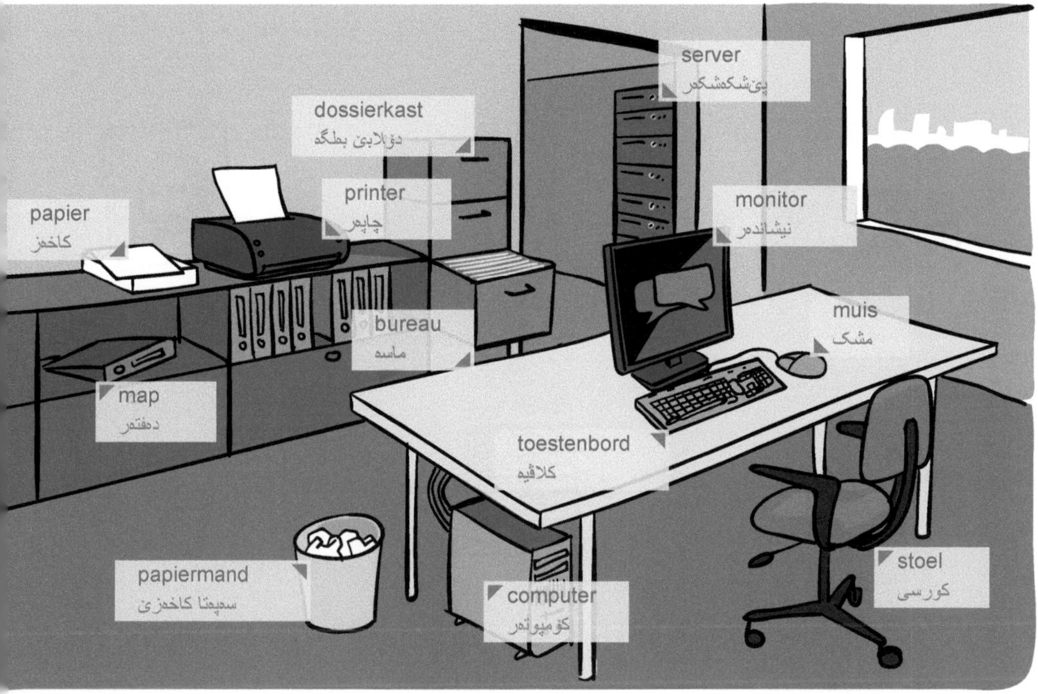

koffiemok

کاسکا قەهوە

rekenmachine

هەسابکەر

internet

ئینتەرنەت

laptop

کۆمپیوتەرا لاپتۆپ

brief

نامە

bericht

پەیام

gsm

تەلەفۆنا مۆبیل

netwerk

تۆر

kopieerapparaat

مەکینا فۆتۆکۆپی

software

سۆفتوارە

telefoon

تەلەفۆن

stopcontact

سۆجکەتا فیشەک

fax

مەکینا فاخێ

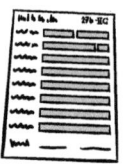

formulier

فۆرم

document

بەلگە

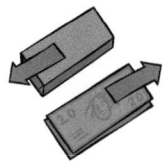

economie

ئابۆری

kopen

کڕین

betalen

پەرە دان

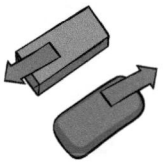

handelen

بازرگانی

geld

پەرە

dollar

دۆلار

euro

یۆرۆ

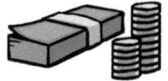

yen

یەنی ژاپۆنی

roebel

ڕۆبلی ڕووسی

Zwitserse frank

فرانکی سویسی

Chinese renminbi

یوانی چینی

roepie

ڕووپی هندی

geldautomaat

مەگینا ژخوەبەرا دراڤ

wisselkantoor
....
ئۆفیسا پەرە ڤەگوهارتنێ

goud
....
زێڕ

zilver
....
زیڤ

olie
....
نەفت

energie
....
وزە

prijs
....
بها

contract
....
پەیمان

belasting
....
تاخ

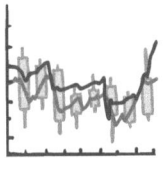

aandeel
....
سەهام

werken
....
کارکرن

werknemer
....
کارکەر

werkgever
....
کاردا

fabriek
....
فابریکا

winkel
....
دکان

beroepen

پرۆفەسیۆن

brandweerman
ئاگرکوژ
politieagent
پۆلیس
kok
dokter
piloot
فرۆکەڤان

tuinman

باخچەڤان

timmerman

نەجار

naaister

دروونڤان

rechter

هاکم

chemicus

شیمیازان

acteur

شانۆگەر

buschauffeur

شوفێری باسێ

taxichauffeur

شوفێرەکی تاکسیێ

visser

ماسیڤان

schoonmaakster

پاگژکەر

dakdekker

چێکری بانی

ober

بەرکار

jager

نێچرڤان

schilder

رەنگرێس

bakker

نانپێژ

elektricien

کارەباڤان

bouwvakker

ئاڤاکەر

ingenieur

ئەندەزیار

slager

قەساب

loodgieter

لوولەکار

postbode

پۆستەڤان

soldaat

ئەسکەر

architect

میمار

kassier

دراڤگر

bloemist

فرۆتکارا چیچەکان

kapper

پۆرچیکەر

conducteur

ئاژۆڤان

mecanicien

مەکانیک

kapitein

کەشتیڤان

tandarts

پزیشکا ددانان

wetenschapper

زانستیار

rabbijn

رووهان

imam

ئیمام

monnik

کەشە

geestelijke

کشیش

werktuigen
ئامووران

tang
مووچینگ
hamer
چەکووچ
schroevendraaier
zaklamp
دارا چرا
schroefsleutel

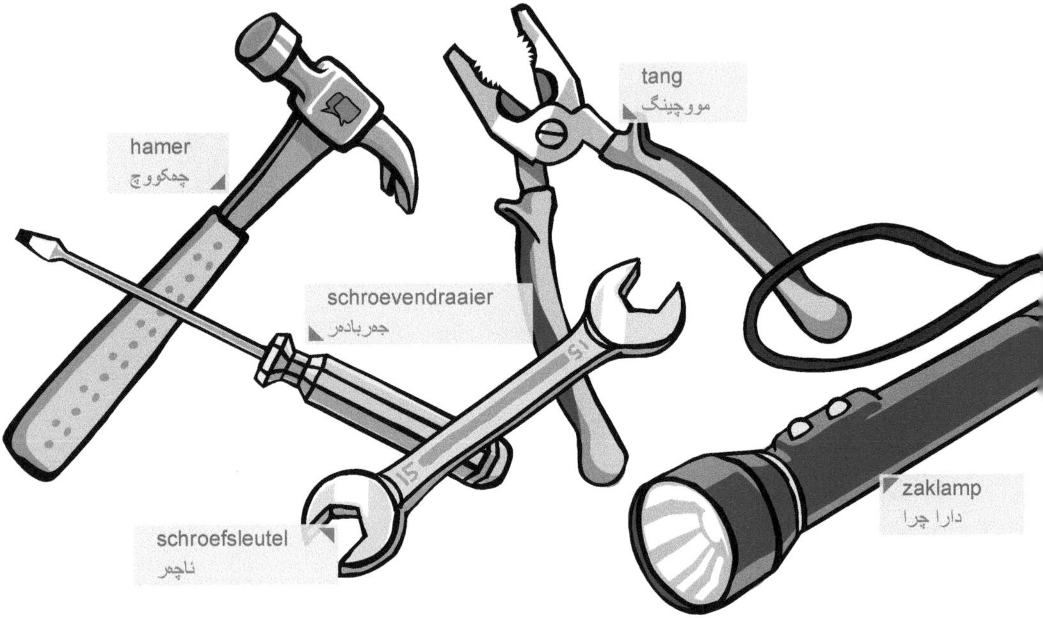

graafmachine
شۆفەل

gereedschapskoffer
قووتیا ئامووران

ladder
پەیژە

zaag
مشار

spijkers
میخ

boormachine
قولکرن

repareren

چێکرن

schop

مەربێر

Verdomme!

نالەت!

blik

بێل

verfpot

قووتیا رەنگێ

schroeven

جەڕ

muziekinstrumenten

ئامووریێن مووزیکێ

luidspreker
بلیندگۆ
drumstel
کۆمێ دەهۆل
gitaar
گیتار
contrabas
جۆرەیا گیتار
trompet
زرنا

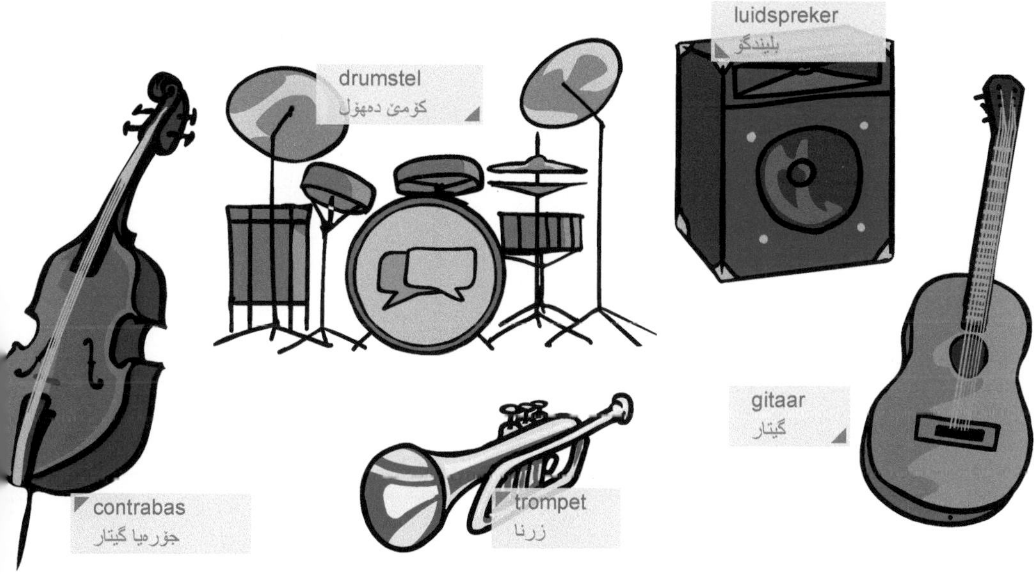

piano

پیانۆ

viool

ڤیۆلین

basgitaar

باس

pauk

دەهۆل

trommels

داهۆل

keyboard

کەیبۆارد

saxofoon

ساکسۆفۆن

fluit

بلوور

microfoon

میکرۆفۆن

tijger
پلنگ

ingang
ناقدمن

kooi
قەفەس

zebra
کەری چیا

diereneten
خوارنا هەیوان

panda
پاندا

dieren

هەیوان

olifant

فیل

kangoeroe

کانگاروو

neushoorn

کەرکەدەن

gorilla

گۆریل

beer

هرچ

kameel

هێشتر

struisvogel

هێشترمە

leeuw

شێر

aap

مەیموون

flamingo

فلامینگۆ

papegaai

پاپاخان

ijsbeer

هرچا جەمسەری

pinguïn

پەنگوین

haai

سەماسی

pauw

تاووس

slang

مار

krokodil

تمساه

dierenverzorger

پارێزەرا باخچا ئاژالان

zeehond

سەیا دەریا

jaguar

پلنگ

pony

هەسپ

luipaard

پلنگ

nijlpaard

هەسپیّ رووبار

giraffe

جانەیّشتر

adelaar

هەلۆ

wild zwijn

بەرازیّ کۆڤی

vis

ماسی

zeeschildpad

کووسی

walrus

والراس

vos

رۆڤی

gazelle

غەزال

rugby
فووتبۆلئ نامرېكا

wielrennen
بىسكلىنتان

tennis
تېنىس

basketbal
باسكېتبۆل

zwemmen
ناۋزۇنىكرن

boksen
بۆخنگ

ijshockey
ھۆكيا سمر جەممەدى

voetbal
فووتبۆل

badminton
بادمىنتون

atletiek
يئ ناتلەتىزمىن

handbal
ھەندبۆل

skiën
بەفراژۆتەن

polo
پۆلۆ

activiteiten

چالاكیان

lachen
کەنین
springen
هلپەکە
knuffelen
هەمبێز
wandelen
zingen
لاوژە گوتن
dromen
خەون دیتن
bidden
نمێژ کرن
kussen
ماچکرن

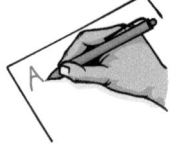

schrijven

نڤیساندن

tekenen

نیگار کێشان

tonen

نیشان دان

duwen

پالدان

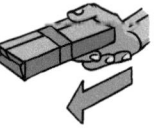

geven

داین

nemen

راکرن

hebben

هەبین

doen

کرن

zijn

بوون

staan

سەکنین

lopen

بازدان

trekken

کشاندن

gooien

ئاڤێتن

vallen

کەتن

liggen

دەرەو کرن

wachten

سەکنین

dragen

گوهێزتن

zitten

روونشتن

aankleden

جل بەرکرن

slapen

رازان

ontwaken

رابوون

kijken naar

مێزە کرن

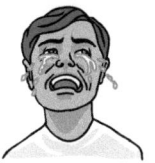

wenen

گرین

aaien

جەلتە

kammen

شە کرن

praten

پەیڤین

begrijpen

فامکرن

vragen

پرسکرن

luisteren

بهیستن

drinken

ڤەخوارن

eten

خوارن

opruimen

کۆم کرن

houden van

هەزکرن

koken

خوارن چێکرن

rijden

ئاژۆتن

vliegen

فڕین

zeilen

کەشتیڤانی

rekenen

هەسباندن

Lezen

خواندن

leren

هینبوون

werken

کارکرن

trouwen

زەوجین

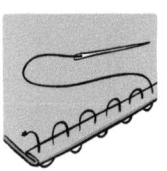

naaien

درووتن

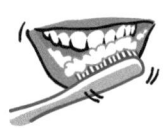

tandenpoetsen

ددان شووتن

doden

کوشتن

roken

دووخان

sturen

شاندن

grootmoeder
داپیر
grootvader
باپیر
vader
moeder
baby
dochter
zoon
کور

gast

مێڤان

tante

مەت

oom

ئاپ/خال

broer

برا

zus

خوشک

lichaam

بەدەن

voorhoofd
ئەنی
oog
چاڤ
schouder
مل
vinger
تلی
gezicht
روو
kin
hand
دەست
borst
سینگ
been
لنگ
arm
پیل

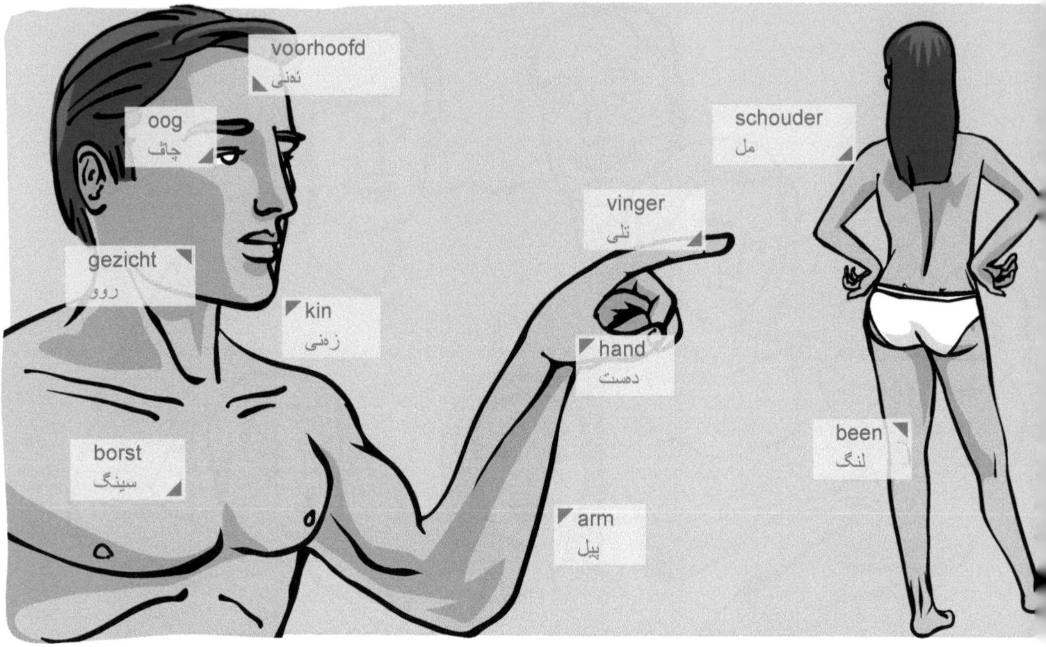

baby

بەبەک

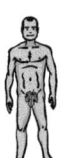

man

مێر

vrouw

ژن

meisje

کەچ

jongen

کۆر

hoofd

سەر

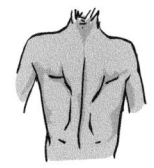

rug

پشت

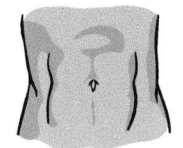

buik

زک

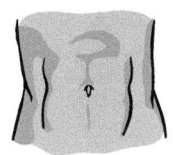

navel

ناڤک

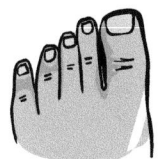

teen

تلبیا پێ

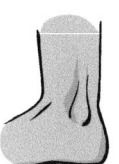

hiel

پانی

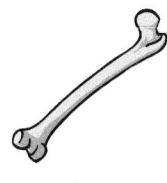

bot

هەستی

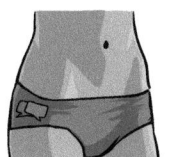

heup

کوولیمەک

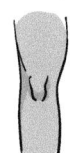

knie

ژوونی

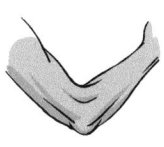

elleboog

ئەنیشک

neus

دفن

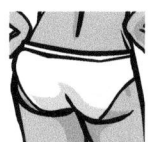

zitvlak

قوون

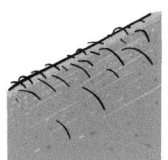

huid

چەرم

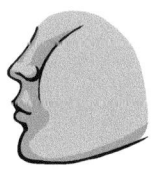

wang

روو

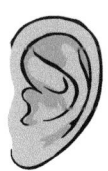

oor

گووه

lip

لێڤ

mond

دەڤ

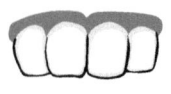

tand

دران

tong

زمان

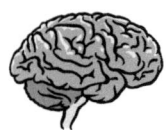

hersenen

مێژی

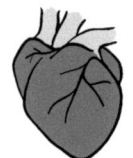

hart

دل

spier

ماسوول

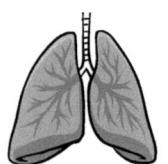

long

جیگەرا سپی

lever

جەگەر

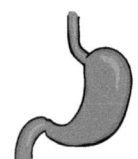

maag

مادە

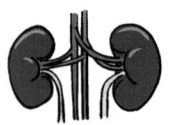

nieren

گوورچکان

seks

جۆتبوون

condoom

کۆندۆم

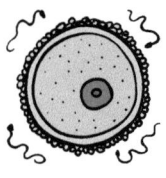

eicel

هێک

sperma

تۆڤ

zwangerschap

دووجانی

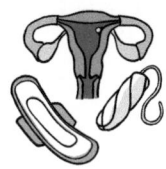

menstruatie

ئاده

vagina

قووز

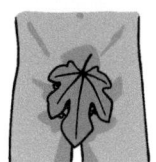

penis

کیر

wenkbrauw

بروو

haar

پۆر

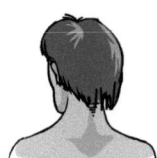

nek

هووستوو

ziekenhuis

نەخوەشخانە

نەخوەشخانە
ambulance
ئەرەبا نەخوەشان
rolstoel
breuk
شکەستە

dokter

بژیشک

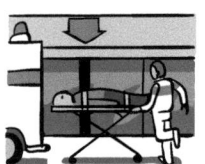

spoed

ئۆدا لەزگینێ

verpleegkundige

نەخوەشیار

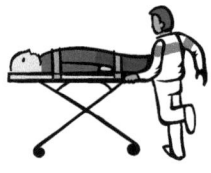

noodgeval

ئاجیلییەت

bewusteloos

بێهای

pijn

ئێش

verwonding

بڕین

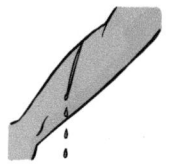

bloeding

خوێنپژان

hartaanval

هێرشا دلی

beroerte

جەلتە

allergie

ئالەرژی

hoest

کوخک

koorts

تا

griep

زکام

diarree

ناڤچووین

hoofdpijn

سەرێش

kanker

قانسێر

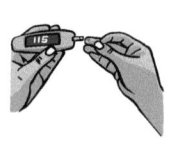

diabetes

نەخوشیا شەکرێ

chirurg

ئەمەلیکار

scalpel

سکالپێل

operatie

ئەمەلی

CT

جت

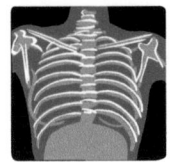

röntgenstraal

سوورەتێ رۆنتگێن

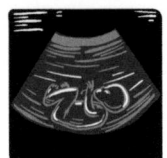

ultrageluid

ئوولتراساوند

gezichtsmasker

ماسکێ روویێ

ziekte

نەخوەشی

wachtkamer

ئۆدا سەکنینێ

kruk

گۆچان

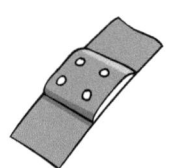

pleister

شێل

verband

پاچێ برینپێچانێ

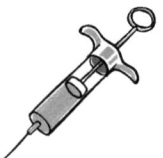

injectie

دەرزی

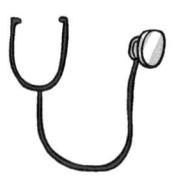

stethoscoop

بیستۆکا پزیشکی

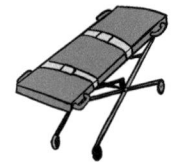

brancard

داربەست

thermometer

تێهنپیڤا کلینیکێ

geboorte

زایین

overgewicht

قەلەو

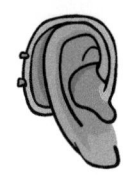

hoorapparaat

ئالیکاریا بهیستنێ

ontsmettingsmiddel

باکتەریکوژ

infectie

کۆتیبوون

virus

ڤیرووس

HIV / AIDS

هڤ / ئادس

medicijn

دەرمان

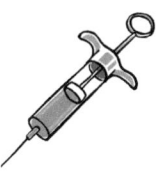

vaccinatie

کوتان

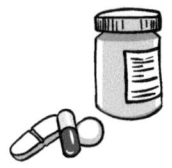

tabletten

هەبان

pil

هەب

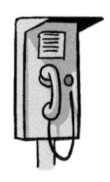

noodoproep

لەزگین

bloeddrukmeter

دیمەندەرێ پەستۆ خوین

ziek / gezond

نەخوەش / ساخ

noodgeval

ئاجیلییەت

Help!

....

هەوار!

alarm

....

ئالارم

overval

....

ئێریش

aanval

....

ئێریشکرن

gevaar

....

تالووک

nooduitgang

....

دەرکەتنا ئاجل

Brand!

....

ئاگر!

brandblusser

....

ئاگر ڤەمراندنێ

ongeval

....

قەزا

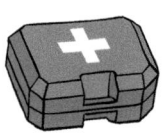

EHBO-kit

....

ئالەتێن ئالیکاریا یەکەم

SOS

....

سۆس

politie

....

پۆلیس

Europa

ئەوروپا

Noord-Amerika

ئامەریکایا باکوور

Zuid-Amerika

ئامەریکایا باشوور

Afrika

ئافریکا

Azië

ئاسیا

Australië

ئاووسترالیا

Atlantische Oceaan

ئاتلانتیک

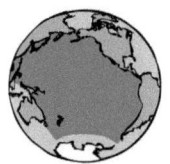

Stille Oceaan

ئۆکیانووسا مەزن

Indische Oceaan

ئۆکیانووسا هندی

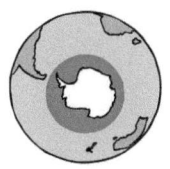

Antarctische Oceaan

ئۆکیانووسا ئانتارکتیکا

Arctische Oceaan

ئۆکیانووسا ئارکتیک

Noordpool

جەمسەرا باکوور

Zuidpool

....

جەمسەرا باشوور

Antarctica

....

ئانتارکتیکا

aarde

....

ئەرد

land

....

ئاخ

zee

....

بەهر

eiland

....

دوورگە

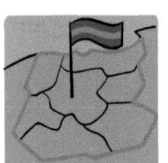

natie

....

مڵلەت

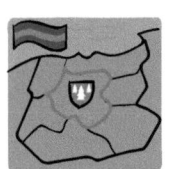

staat

....

وەلات

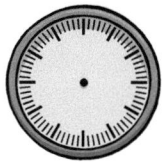

klok

ساەت

wijzerplaat

رووێ ساەت

uurwijzer

نشاندەرکا دەمژمێر

minuutwijzer

نشاندەرکا دەقە

secondewijzer

نشاندەرکا سانیە

Hoe laat is het?

سێت چەندە؟

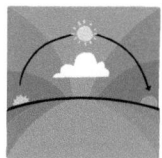

dag

رۆژ

tijd

دەم

nu

نها

digitale horloge

ساەتێ دجیتال

minuut

دەقە

uur

سێت

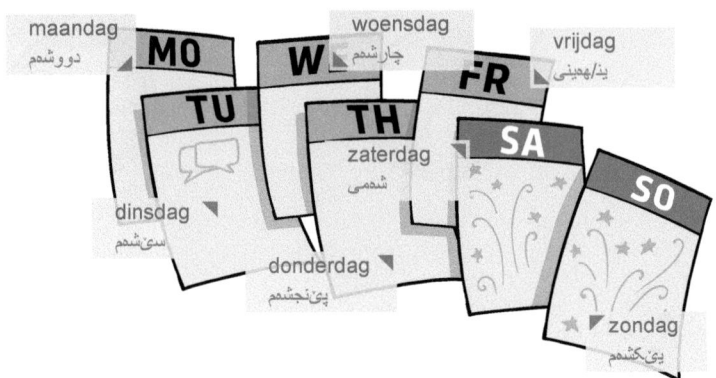

week

هەفتە

maandag
دووشەم
MO
woensdag
چارشەم
W
vrijdag
ين/هەینی
FR
TU
TH
zaterdag
شەمی
SA
SO
dinsdag
سێشەم
donderdag
پێنجشەم
zondag
یێکشەم

gisteren

دوه

vandaag

ئیرۆ

morgen

سبەی

ochtend

سبە

middag

نیڤرۆ

avond

ئێڤار

werkdagen

رۆژێن کاری

weekend

داویا هەفتە

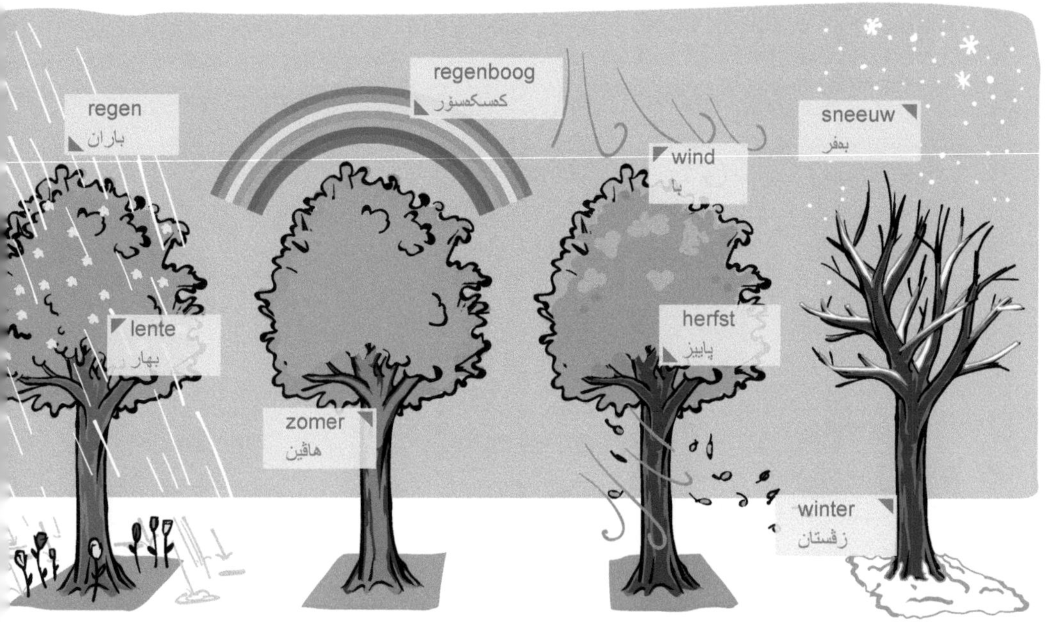

regenboog
regen
باران
sneeuw
بەفر
wind
با
lente
بهار
herfst
پاییز
zomer
هاڤین
winter
زڤستان

weervoorspelling

پێشبینیا هەوا

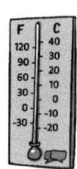

thermometer

تەهنپیڤ

zonneschijn

تاڤ

wolk

هەور

mist

مژ

vochtigheid

هێمی

bliksem

برق

donder

برووسک

storm

تۆفان

hagel

تەرگ

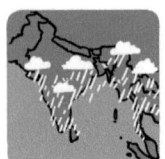

moesson

مانسوون

overstroming

لەهی

ijs

جەمەد

januari

ڕێبەندان

februari

ڕەشەمە

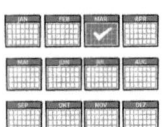

maart

نەورۆز

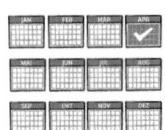

april

گولان

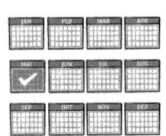

mei

جۆزەردان

juni

پووشپەر

juli

گەلاوێژ

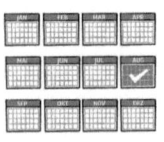

augustus

خەرمانان

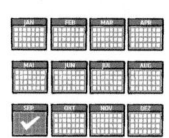

september

رەزبەر

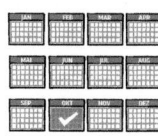

oktober

کەوچێڕ

november

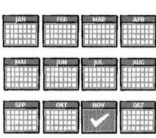

سەرماوەز

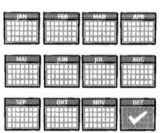

december

بەفرانبار

vormen

شێوە

cirkel

چەمبەر

kwadraat

چارچک

rechthoek

چارقۆزی

driehoek

سێقۆزی

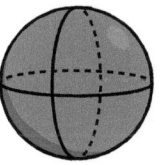

bol

قادا

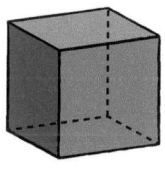

kubus

خشتەگ

kleuren

ڕەنگان

wit

سپی

geel

زەر

oranje

پرتەقالی

roze

پەمبە

rood

سۆر

paars

مۆر

blauw

شین

groen

کەسک

bruin

قەهوەیی

grijs

گەور

zwart

رەش

veel / weinig

زۆر / کەم

boos / kalm

ب هێرس / بێدەنگ

mooi / lelijk

بەدەو / نەرند

begin / einde

دەستپێک / داوی

groot / klein

مەزن / بچووک

licht / donker

رۆنی / تاری

broer / zus

براک / خوشک

proper / vuil

پاگژ / گرێژ

volledig / onvolledig

تەڤی / نەتەمام

dag / nacht

رۆژ / شەڤ

dood / levend

مری / زندی

breed / smal

فره / تەنگ

eetbaar / oneetbaar

....

خوەش / نەخوەش

kwaadaardig / vriendelijk

....

نەباش / باش

opgewonden / verveeld

....

ب هەیمجان / ئاجز

dik / dun

....

قەلەو / زراڤ

eerst / laatst

....

یەکەمین / داوین

vriend / vijand

....

هەڤال / دژمن

vol / leeg

....

تژی / ڤالا

hard / zacht

....

رەق / نەرم

zwaar / licht

....

گران / سڤک

honger / dorst

....

برچی / تینی

ziek / gezond

....

نەخوەش / ساخ

illegaal / legaal

....

نەقانوونی / قانوونی

intelligent / dom

....

رەوشەنبیر / بالوولە

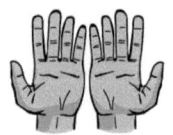

links / rechts

....

چەپ / راست

dichtbij / veraf

....

نێزی / دوور

nieuw / gebruikt

....

نوو / بکارهاتی

niets / iets

....

هیچ / تشتەک

oud / jong

....

کال / جوان

aan / uit

....

ل / ژ

open / dicht

....

ڤەکری / گرتی

stil / luid

....

ئارام / دەنگبلند

rijk / arm

....

دەولەمەند / رەبەن

juist / fout

....

راست / شاش

ruw / glad

....

دڕ / هلوو

droevig / blij

....

خەمگین / شا

kort / lang

....

کورت / درێژ

traag / snel

....

هێدی / زوو

nat / droog

....

شل / زوا

warm / koud

....

گەرم / هێنک

oorlog / vrede

....

شەڕ / ئاشتی

cijfers
هەژماران

0	1	2
nul	één	twee
سفر	یەک	دوو
3	4	5
drie	vier	vijf
سێ	چار	پێنج
6	7	8
zes	zeven	acht
شەش	هەفت	هەشت
9	10	11
negen	tien	elf
نەه	دەه	یازدە

12

twaalf
دازدە

13

dertien
سێزدە

14

veertien
چاردە

15

vijftien
پازدە

16

zestien
شازدە

17

zeventien
هەفدە

18

achtien
هەژدە

19

negentien
نۆزدەه

20

twintig
بیست

100

honderd
سەد

1.000

duizend
هەزار

1.000.000

miljoen
ملیۆن

Talen

زمانان

Engels

ئینگلیزی

Amerikaans Engels

ئنگلیزیا ئامەریکی

Chinees (Mandarijn)

چینی ماندارین

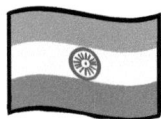

Hindi

هیَندی

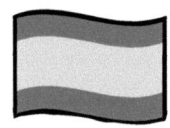

Spaans

ئیسپانیۆلی

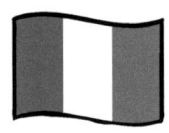

Frans

فرەنسی

Arabisch

ئەرەبی

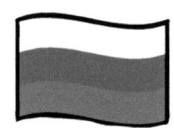

Russisch

رووسی

Portugees

پۆرتوگالی

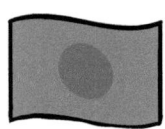

Bengali

بەنگالی

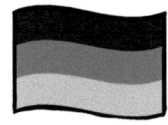

Duits

ئەلمانی

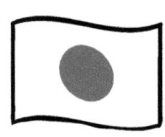

Japans

ژاپۆنی

ik

من

u

تو

hij / zij / het

نمو / نمڤ / نمو

wij

نمم

u

تو

ze

نمو

wie?

کی؟

wat?

چ؟

hoe?

چاوا؟

waar?

کرا مری؟

wanneer?

کملگی؟

naam

ناڤ

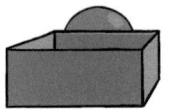

waar

کوو

achter

پشتی

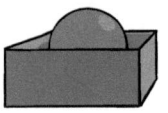

in

voor

پێشی

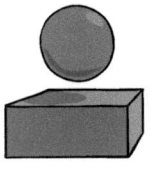

boven

سەر

op

سەر

onder

بن

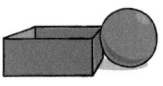

naast

کێلەک

tussen

ناڤبەر

plaats

جه